「夢中で算数」をつくる 教材アイディア集 3

みなさんも
つくりたいですか?

日本基礎学習ゲーム研究会会長
横山験也

さくら社

●はじめに

　この本は「夢中で算数」シリーズの第 3 巻になります。

　第 1 巻にはわり算の筆算で爆発的威力を発揮する「スイートポテト」を掲載しました。

　685 ÷ 5 のようなわり算の時、筆算を考えやすくするために末尾の 85 を紙で隠します。その紙に「スイートポテト」と書くと、これが大うけします（詳しくは本シリーズ第 1 巻をご覧ください）。

　続く第 2 巻では、3 年生の円の授業の導入が大興奮状態になる「ダイヤモンドあてゲーム」という展開を載せました。

　円や中心という重要な概念に子どもがどんどん近づいていく展開です（詳しくは本シリーズ第 2 巻をご覧ください）。

　そして、第 3 巻が本書です。前 2 巻で十分だろうと思っていたのですが、東京でのセミナーで、第 3 巻への意を決しました。

　久しぶりのリアルセミナーで、「夢中で算数」をつくる教材の話を話したところ、これが大うけしたからです。「平行四辺形ワンちゃん」（p.58）を登場させたときには、もうそれだけで「かわいい！」と声が上がるほど、会場は盛り上がっていました。

　このセミナーでは、これまで一度もお見せしたことのない「神が降臨するひき算①」も披露しました。先生が数を当てる手品のような授業です（p.26）。

　実際に、その場で数を当てたものですから、会場はどよめきました。

　ということで、この第 3 巻はこのセミナーで大うけした傾向の内容が多めに収録されています。数と計算にかかわる珍しい内容もあります。

　この本を読んでくださった先生方の教室で子どもたちが喜んでくれたら、この本を書いてよかったなと思います。

2023 年 6 月吉日　横山験也

「夢中で算数」をつくる 教材アイディア集3

もくじ

さらに

「夢中で算数」
をつくる教材

子どもたちが喜んで取り組みはじめる
そして算数好きになる

究極の
アイディア教材とっておき **32**種類

1 ▶ 数の分解が楽しくなる

数分けなぞなぞ

1年
10までの数

「6は1と5に分かれる」などの数の分解を学習します。数だけで推し進めるのも楽しいのですが、ちょっとなぞなぞを加えていくと、子どもたちは「夢中で算数」になります。1と5なら「いちご」です。ほんの3分、5分でもちょっとやって教室をホットにしてみるのもいいですね。

【なぞなぞ】

4が2つに分かれると、大きな動物がやってきますよ。
さて、何でしょう。 ［解答例］4は3と1で「さい」

5が2つに分かれると、誰かがやってきますよ。
さて、誰でしょう。 ［解答例］5は2と3で「兄さん」

6が2つに分かれると、おいしい果物になりますよ。
さて、何でしょう。 ［解答例］6は1と5で「いちご」

7が2つに分かれると、嬉しい何かが生まれますよ。
さて、何でしょう。 ［解答例］7は2と5で「ふたご」

8が2つに分かれると、何かが散らかり、困ります。
さて、何でしょう。 ［解答例］8は5と3で「ごみ」

9が2つに分かれると、とても良い返事になります。
さて、何でしょう。 ［解答例］9は8と1で「はい」

10が2つに分かれると、小さな生き物になりますよ。
さて、何でしょう。 ［解答例］10は6と4で「虫」

なぞなぞを1つ出すと、子どもたちは分かれ方をいろいろ考えることになります。運よくパッとわかる子もいれば、分け方をいろいろ考える子も出てきます。運の悪かった子の方が、実は頭の中で分け方をたくさん勉強したことになるのが、このなぞなぞの面白いところです。

◯ 授業での使い方

ちょっと息抜きという感じで、算数のなぞなぞを出します。2 つに分けることに慣れてきたら、3 つに分けることもお勧めです。3 口の計算の素地づくりにもなるからです。

数のなぞなぞを
出しますよ。

やりたい!!
まかせて!
よっしゃ!

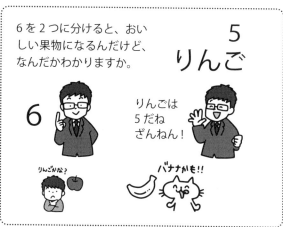

6 を 2 つに分けると、おいしい果物になるんだけど、なんだかわかりますか。

6

5
りんご

りんごは
5 だね
ざんねん!

りんごかな?

バナナかも!!

8 7 7
バナナ

バナナは、
ちょっと
多すぎるね!

わかった!!
いちごです

1 5
いちご

6は1と5に分かれるから、
イチゴが正解!

やったー!!

もっと出して!

ワンポイント 20 までの数の学習では、「花 (8 と 7)」「さくら (3 と 9)」「串 (9 と 4)」「はし (8 と 4)」など見つけることができます。子どもたちの名前にあれば、「みく (3 と 9)」「山口 (8 と 9)」などと、それを生かすのも楽しい授業になります。語呂合わせのなぞなぞですから、ゆっくりとした調子の勉強になります。もう少し、テンポよく出題したくなったら、本シリーズ第 2 巻の「指 10」がお勧めです。数の分解の問題に次々と取り組めます。

2 ▶ 位取りの意味がわかってくる

手作り! 数付きそろばん

1年
100までの数

65 の 6 は「10 が 6 こ」、5 は「1 が 5 こ」ということを、視覚的にもわかりやすく示したいと思ったときにお勧めなのが「数付きそろばん」です。差し込み形式なので、わざと 10 カードを一の位に挟むと、子どもたちが「先生、違うよ!」と声を上げてくれます。位の意識が育っていることが先生に伝わってきます。

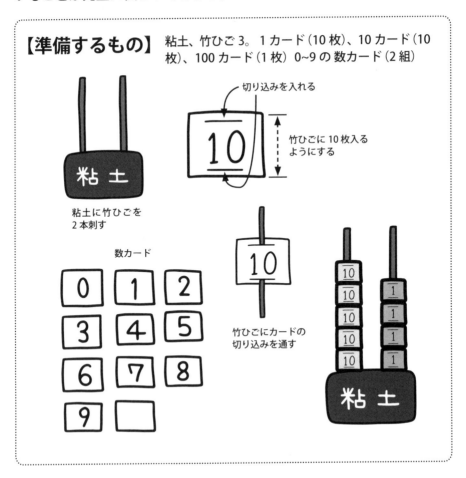

【準備するもの】 粘土、竹ひご 3。1 カード (10 枚)、10 カード (10 枚)、100 カード (1 枚) 0~9 の数カード (2 組)

切り込みを入れる

竹ひごに 10 枚入るようにする

粘土に竹ひごを
2 本刺す

数カード

0 1 2
3 4 5
6 7 8
9

竹ひごにカードの
切り込みを通す

◎ 授業での使い方

数を答えるのに慣れてきたら、わざと間違えてカードを入れると位へ
の意識が高まります。

 他にも、一の位に「1 カード」を 10 並べて見せるのもよいです。10 に
なったら、1 カード 10 まいと 10 カード 1 枚の交換が必要になることを
学べます。繰り上がりの仕組みを見ることになります。また、99 を作っ
てから 1 カードを 1 こ増やすとどうなるか考えさせるのも楽しいです。その場合は粘土
をもう一つ用意し、百の位をつくり、100 カードを入れます。楽しみながら、位の考え
方がわかるようになっていきます。
本シリーズの第 1 巻の「数の重なり君」も併用すると、位取りの意味を数の上からも理
解を深めることができます。

たし算、ひき算の学習では、文章問題が出てきます。一つ一つ取り組むのですが、板書するときに、最後の「どうする」部分を書かずに、「合わせたら」「ちがいは」などの重要部分を口頭で言うと、文章問題の目の付け所が伝わっていきます。

【やり方】

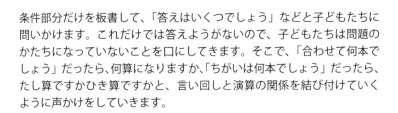

しろい　はなが　4ほん　あります。
あかい　はなが　3ぼん　あります。

条件部分だけを板書して、「答えはいくつでしょう」などと子どもたちに問いかけます。これだけでは答えようがないので、子どもたちは問題のかたちになっていないことを口にしてきます。そこで、「合わせて何本でしょう」だったら、何算になりますか、「ちがいは何本でしょう」だったら、たし算ですかひき算ですかと、言い回しと演算の関係を結び付けていくように声かけをしていきます。

○授業での使い方

授業に合わせて、条件部分だけを板書します。その後、その先の言葉を口頭で言って、どのような式になるのか答えてもらいます。

しろい　はなが　4ほん　あります。
あかい　はなが　3ぼん　あります。

答えは
何本でしょう!!

「合わせて何本になりますか」だったら、何算になりますか。

「違いは何本ですか」だったら、何算になりますか。

ワンポイント

基本の言い回し「合わせて」「全部で」「違いは」「どちらがいくつ多い（少ない）」に慣れてきたら、クラスの子を登場させて、「けいじ君が全部もらいました。けいじ君は何本もらいましたか」などと言うとクラスがホットになります。

神が降臨する時計

たし算ひき算と時計の学習を終えたら、教科書には出てこない「神が降臨する時計」をやってみるのも、夢中で算数となります。ちょっとした数のマジックです。「先生、すごい！」と驚く子が続出します。

【やり方】 時計の文字盤を大きめに板書します。
反対側の数の確認をします。（2の反対側は8など）

2の反対側は、8ですね。
5の反対側は、11ですね。

次のように計算をしてもらう。
① 文字盤の中から、好きな数を1つ心に決める。（Aとする）
② Aの反対側の数をBとして、AとBの大きい方から小さい方を引く ③ その答えに、4をたす。
④ その答えに20をたす。

この計算には、カラクリがあります。文字盤の反対側の数との差は、どこも「6」になっていることです。その6に4+20をしているので、いつも答えは30になります。

先生は最後の答えが30になっていることを言う。

◯ 授業での使い方

反対側の数がわかったら、1人の子を前に呼び出し、数を1つ心の中で決めてもらいます。

麻ちゃん、文字盤の中から
好きな数を1つ選んでください。
誰にも
言っちゃだめですよ。

反対側の数とひき算をしてください。大きい数から小さい数を
引きます。

その答えに4をたしてください。20もたしてください。

最後の数を
先生が当てますよ!

今、神様が
降りてきて
先生に教えて
くれています!

30です!

神が降臨してきた様子を演出します。手を上げ、「今、神が降りてきます」「おお、感じます。神が降りてきています」などと言いつつ、手を顔のあたりにおろします。それからおもむろに、「わかりました」「麻ちゃん、計算した最後の数は30ですか?」と聞くと、それが正解なので、麻ちゃんは大変驚きます。

他の子も前に出てやってみたくなるので3人4人とやってみます。すると、いつも答えが「30」なので、何かカラクリがあると感じる子が出てきます。そこをほめます。算数は計算も大事ですが、どうしてそうなるのかを考えることもとても大切であることを話し、少し考えてもらいます。カラクリがわかると、家でおうちの人にやってみる子も出てきます。そうして、カラクリも話し出します。算数は論理で成り立っている勉強なので、このカラクリの説明をすること自体が、論理的な思考となっています。子ども心に、すこし「エッヘン」の気分にもなります。

時計の読み方に不安のある子がいたら、本シリーズ第2巻の「お金時計」を試してみるのも、おすすめです。

15

沖縄の藁算（わらざん）

一の位～千の位までの位取りの考え方を、自分の手で確かめるように行えるのが、昔の沖縄の藁算です。指の間を位に見立て、そこに藁を挟んで数を記憶していました。明治時代の中頃まで行われていたと記録書に載っています。※

【やり方】

指の間を下のように決めます。

そこに棒や紐などを挟んで数を表します。

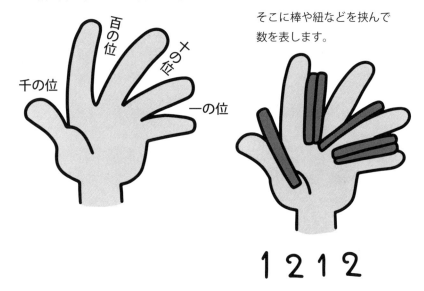

１２１２

明治の中頃まで、15cmぐらいの藁を50本ほどの束にして持ち、記憶すべき数に合わせて藁を指に挟んで備忘としていたことが記録されています。

※『琉球古来の数学と結縄及記標文字』矢袋喜一著、沖縄書籍販売社

◎ 授業での使い方

指を使う位取りがわかったら、簡単な繰り下がりのあるひき算を考えてもらいます。上の位から繰り下げる現象を、手元で実によく見ることができます。

手と鉛筆を使って数を表すことができます。

数え棒をはさみました。
これ、いくつでしょう？

1212（千二百十二）です！

今から100年以上も昔のことですが、こうやって数を忘れないようにしていた人たちがいました。昔のことですから、周りに自然がたくさんあり、わらや細い葉を数の記憶に役立てていました。皆さんも、もし、外遊びをしているときに忘れちゃいけない数があったら、葉っぱなどを指に挟んでみるのもいいですね。この考えを利用して、たし算やひき算もできますよ。

では、皆さんも 112（百十二）を作ってください。そこから5を引いてみてくださいね。

 − 5 =

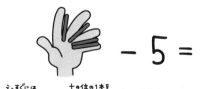

 ワンポイント

112−5 は繰り下がりをしないとなりません。十の位の1本を取って、一の位に10本挟めばよいことが、よくわかります。さらに、難しいとされる 102−4 のような2回繰り下がるひき算も、手元で考えさせることができるのが、この葉算の素晴らしいところです。

2年

17

6 ▶ 班で楽しむ
九九しりとり点取ゲーム

かけ算九九を一通り学んだ後の楽しみとして、「九九しりとり」があります。誰もが知っているしりとりを九九で行います。アウトになる数を決めて、ちょっとした時間にやってみてはいかがでしょう。そこに、点取りゲームの要素を加えていくのも楽しいです。

【やり方】 九九の答えの一の位をしりとりでつなぎます。

$$7 \times 8 = 56$$
$$6 \times 7 = 42$$
$$2 \times 7 = 14$$
$$4 \times 9 = 36$$

＜アウトになる答え＞

- ●答えが一桁になる九九
  （例）$8 \times 1 = 6$
  $3 \times 3 = 9$
- ●末位が0、1の九九
  （例）$6 \times 5 = 30$
  $7 \times 3 = 21$ など
- ●特別アウト（毎回変わるアウト）
  末位が8の九九
  （例）$4 \times 7 = 28$
  $6 \times 3 = 18$ など

【点取りゲーム】

アウトにならずに言えた九九の一の位の数が得点になります。$6 \times 7 = 42$ と言ったら、42の「2」が得点になります。もし、アウトになったら得点は0点。次の人がしりとりを続けます。

授業での使い方

まずは、九九しりとりの説明をします。少し練習をしてから班で取り組むなど、楽しむことができます。

九九でしりとりをします！

$7 \times 8 = 56$

$6 \times 7 = 42$

$2 \times 7 = 14$

こんな風に続けます。

アウト、あります！
答えが一桁
答えの最後が0
答えの最後が1

$6 \times 3 = 18!!$

$2 \times 8 = 16$

$8 \times 9 = 72$

$2 \times 5 = 10$ アウト!!

ワンポイント

やり方がわかってきたら、点取りゲームを加え、特別アウトも決めて行ってみましょう。
「夢中で算数」シリーズ第1巻には「チョー盛り上がる　かけ算アタリはずれゲーム」が載っています。こちらもぜひお試しください。

19

7 ▶思った数をズバリと当てる

前後かけ算

2年
かけ算九九

かけ算の持つ不思議な世界に一歩足を踏み入れたいと思ったら、この「前後かけ算」で楽しんでみるのもいいですね。子どもが心に思った数を先生がズバリと当ててしまいます。

【やり方】

① 2から8の中から好きな数を1つ決める。

② その前後の数をかけ算する。

③ 「35」を言ってもらい、そこから先生が「6です」と当てる。

ネコちゃんが思ったのは「6」ですね。

【しくみ】

思った数をaとすると、前後の数のかけ算は（a－1）（a＋1）＝a²－1となっています。6だと、6×6－1になるので、簡単に6とわかります。

◯ 授業での使い方

かけ算九九が一通り終わったころ、先生からの算数手品として、披露するとよいでしょう。心に思った数を先生がピタリと当てることを伝えます。

麻子さん、2から8の中から好きな数を1つ心に思ってください。

その数の1つ前の数と、1つ後の数をかけてください。

ちょっと考えますね。
うーん、うーん。
わかりました！
4でしょう！

何人かにやっていくと、何となく答えがわかる子が出てきます。前後かけ算をした答えの近くに思った数のヒントがあるとわかってくるからです。その勘から、「−1」の違いに気づくと、算数の魅力がアップします。下のように板書してみるのもよい学習になります。

心に思った数	4	7	8
	4×4＝16	7×7＝49	8×8＝64
前後かけ算	3×5＝15	6×8＝48	7×9＝63

ワンポイント

家でやってみたいと言い出す子もいます。その時、「かけ算九九を頑張って勉強しからできる手品なので、かけ算を習ってない子にはできませんよ。九九を勉強してよかったですね」と簡単な訓話をすると、勉強の大切さが伝わっていきます。

図形かけ算パズル

かけ算九九に習熟をしてきたら、わり算の感覚に触れられる「図形かけ算パズル」をお試しください。まずは、かけ算の答えを答えていくパズルを行い、途中からわり算の感覚で答えるタイプを出していきます。「レベルアップします」と伝えると、燃える子が出てきます。

【やり方】

①一辺の両端の数をかけて、辺の中央に答えを書く。

②三角や四角の形にして出題する。

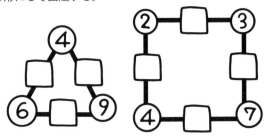

③やり方になれたら、〇を答える問題を含めていく。

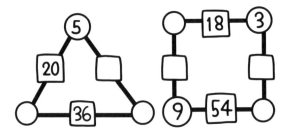

◯ 授業での使い方

はじめは黒板でやり方を説明し、三角や四角の問題をみんなで取り組みます。
そのあとは、プリントを行ったり、問題作りをしたりして楽しんでいきます。

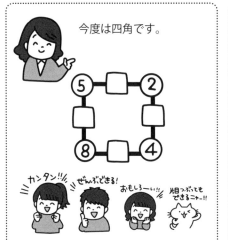

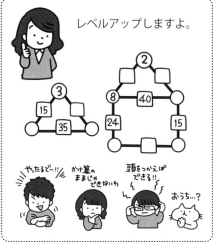

図形の要素があるので、簡単な絵をかいて、そこに◯と□をつけて問題作りをしても楽しく取り組めます。◯の数を求める時はわり算の考えになります。どうして◯の数がわかったのかを子どもに言わせると、わり算の説明をすることになります。

虫食いたし算

たし算の練習をもう少ししっかりやってほしい子が気になったら、この「虫食いたし算」はいかがでしょう。自分で考える面白さに加えて、うまくいったりいかなかったりする運もついています。

【やり方】

0～9までの数を四角の中に入れて、筆算を完成させる。
ただし、1つのひっ算に同じ数を2度使うことはできない。

【虫食いたし算の3レベル】

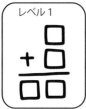

1年生の繰り上がるたし算がこの中にほぼ入っています。答えがたくさんあるので、いろいろな子が新しい答えを見つけ出していきます。

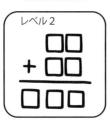

レベル1より難しいのですが、レベル1よりたくさんの解答があるので、次々と答えができてきます。順序よく数を入れることに気づく子が出てきたら、「数理的！」「論理的！」とほめるといいです！

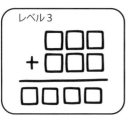

レベル1、レベル2とどんどんできたので、子どもたちには勢いが出てきます。レベル3をパッと見て、「簡単！」と思うのですが、□は10個、入れる数も10個です。なかなかうまくできません。算数の時間終了のギリギリぐらいにこれを出題して、宿題にするのもいいです。

◎授業での使い方

いつものドリルの代わりに、ちょっと先生から出題をしていきます。

すっごく難しい
問題を出しますよ！

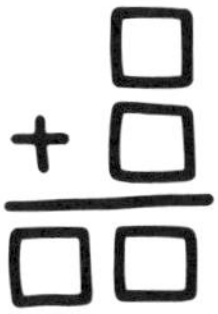

０～９までの数を入れて、
正しいひっ算を作ってください。
一つのひっ算に同じ数は２回
使ってはいけませんよ。

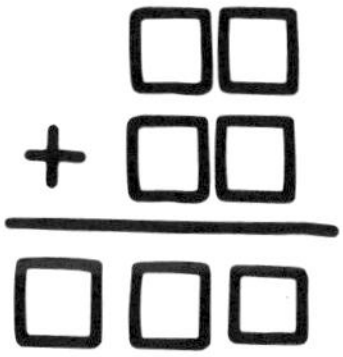

レベル２です。
できますか。

あと３分でチャイムだわ。
そろそろレベル３ね。

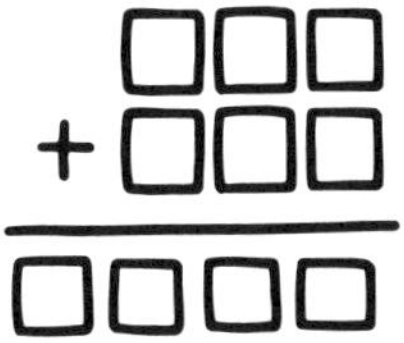

レベル３です。
できますか。

ネコちゃん
すばらしい！

驚きの偶然が起こることもあります。

10 ▶計算が面白い

神が降臨するひき算①

ひき算のひっ算に慣れてきたら、ちょっと一息という気分で「神が降臨するひき算①」を試してみてはいかがでしょう。子どもたちはびっくりして、自分もやってみたくなります。算数を勉強するとこういうお楽しみがどんどん増えていくことも話をすると、モチベーションアップに役立ちます。

【やり方】

誰にも見えないように、下の計算をしてもらう。

①3桁の数を1つ書く（例：268）

　ただし、0は使わない。同じ数を使わない。

②その一の位と百の位の数を入れ替えた数を書く（862）

③大きい方から小さい方を引く

$$\begin{array}{r} 862 \\ -\ 268 \\ \hline 594 \end{array}$$

出てきたひき算の答えを、先生が当てる。

> **ひき算の答えの秘密**
> ・十の位は必ず9になっている。
> ・百の位と一の位をたすと、必ず9になる。
> ※詳しい解説は3ページ先をお読みください。

一の位の数か、百の位の数を言ってもらい、先生がひき算の答えを言い当てる。

● 授業での使い方

ニコニコ顔で神様が降臨するひき算があることを伝え、実際にやってみます。

3桁の数を1つ
ノートに書いてください。
誰にも見えないように、
手で隠しながらね！

反対にした数も
書いてください。

大きい方の数から、
小さい方の数を引いて
ください。

正三君、ひき算の
答えの一の位の数を
言ってください。

3ですね。
神様が降りてきて、
先生に教えてくれますよ…

神様、お願いします！
正三君のひき算の答えを
先生に教えてください！

わかりました！

正三君のひき算の
答えは693ですね！

27

2，3人の答えを当てたら、黒板に子どもたちの
答えを並べて書いていきます。すると、答えの中
にちょっとした決まりが見えてきます。
十の位が9になっていることは、すぐにわかりま
す。百の位と一の位の合計が9になっていること
に気づく子も出てきます。

$$297$$
$$594$$
$$99$$
$$396$$
$$\vdots$$

「神が降臨するひき算」を行うと、どの子も「面白い」とか「不思議だ」と
いう気持ちになります。そんな時に、一言、訓示のような話をしてみると、
算数のモチベーションが上がります。

面白いなぁと感じたでしょう。そう感じたのは3年生に
なってひき算のひっ算をしっかり勉強したからです。1年
生の子には、この面白さがわかりません。まだ、ひき算の
ひっ算を勉強していないからです。算数がわかるようにな
ると、もっと不思議な面白いことがわかるようになります。
これからも、みんなでしっかり勉強しましょうね。

◆ 詳しい解説

「真ん中が常に９になる」と知ると、「なぜ、９になるのか」と考えたくなります。

先生方は、すでに文字式や方程式を知っているので、たいてい下のように考え始めます。

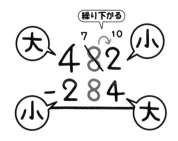

$$\begin{array}{c}100A+10B+C\\ -(100C+10B+A)\\ \hline (100-1)A-(1-100)C\end{array}$$

しかし！
Bが消えてなくなり、
？？となります。

この方法で解決したとしても、３年生には話すことができません。そこで、よりシンプルに考えていくと、３年生にも説明できるようになります。

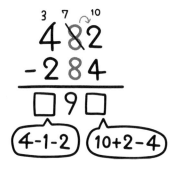

入れ替えた数を「大きい、小さい」で考えていくと、一の位のひき算は必ず「小－大」となり、十の位からの繰り下がりが必要となります。

繰り下がったので、十の位をひき算すると、答えはいつでも９になります。

答えの「百の位＋一の位＝９」は繰り下がりを考慮して百の位の計算と一の位の計算を考えるとわかります。

４と２はプラスとマイナスがあるので消えてなくなり、残りが「-1」と「10」になります。こちらの説明は、論理が長いのでわからない子も出てきます。無理をする必要はありません。

手品のようなひき算を楽しんで、さらに、なぜそうなるのかを話してくれたら、算数の面白さに浸っているといえますね。

なお、ひき算の答えからさらに先に進むと、「何度やっても答えが同じになる 絶対の１０８９！」(p.36) につながります。

神が降臨するひき算②

203 − 6のようなひき算は、2回連続の繰り下がりが必要で、ちょっと苦しむ子が出てきます。そこで、少し楽しみつつ計算してもらいたいと思ったときにお勧めなのが「神が降臨するひき算②」です。

「神の降臨するひき算①」でも 302 − 203 で計算すると、楽しむことができますが、ここでは少し違うひき算をご紹介します。

【やり方】

誰にも見えないように、下の計算をしてもらう。

①1～5を使って、真ん中が0の数を1つ書く（例：302）
同じ数は2つ使わない。

②その数の百の位と一の位の数をたす。（3 + 2 = 5）

③最初の数から、たした数を引く。

$$\begin{array}{r} 302 \\ -5 \\ \hline 297 \end{array}$$

出てきたひき算の答えを、先生が当てる。

> **ひき算の答えの秘密**
> ・十の位は必ず9になっている。
> ・百の位と一の位をたすと、必ず9になる。
> ※「神が降臨するひき算①」と同じです。

一の位の数か、百の位の数を言ってもらい、
先生がひき算の答えを言い当てる。

手品なので、子どもたちは自分でもやりたくなります。
そのためには、202 − 4のようなひき算ができないと格好がつきません。なんとか、できるようにしたいとエネルギーが湧き上がってきます。

● 授業での使い方

ニコニコ顔で、神様が降臨するひき算の②があることを伝え、実際にやってみます。

1から5の数を使って、真ん中が0の3桁の数をノートに書いてください。誰にも見えないように、手で隠しながらね！

304

百の位の数と一の位の数をたしてください。

3 + 4 = 7

最初の数から、たした数を引いてください。

```
  304
－   7
─────
  297
```

正三君のように察しのつく子も出てきます。そうはわかっていても、一応神の降臨をやって見せます。

みんなの思った通りです。十の位がいつも9。百の位と一の位の合計も9になります。察しがよいですね！

どうして、このようになるのでしょう。「神が降臨するひき算①」と同じように考えていくと、次第にわかってきます。詳しくは、次ページをお読みください。

31

◆ 詳しい解説

考え方は「神が降臨するひき算①」とほぼ同じです。数の大小と繰り下がりを考えていくとわかります。

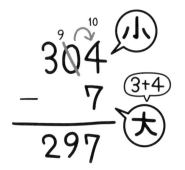

まず、一の位の大小を考えます。下の数は、上の数に百の位の3をたしているので、必ず「大」になります。
一の位のひき算には繰り下がりが起こり、十の位の答えは必ず9になります。

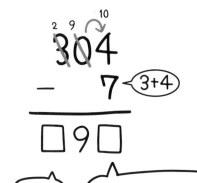

答えの「百の位＋一の位＝9」は繰り下がりを考慮して百の位の計算と一の位の計算を考えるとわかります。
3と4が消えてなくなり、残りが「-1」と「10」になります。
こちらの説明も、論理が長いのでわからない子も出てきます。無理をする必要はありません。

たし算を使うひき算、マイナスを使うひき算

3年

　日本の小学校ではたし算でもひき算でも、やり方が決められています。それ以外の方法を学ぶことは、まずありません。計算は一つの技術ですから、習得という面では、卓越した一つのやり方に徹するのはよい学び方です。

　そのやり方に慣れてきたら、ちょっと工夫して計算してみるのも、算数の論理を学ぶよい勉強となります。

　上の数から下の数を引けない場合のひき算を 2 つご紹介します。※

$$
\begin{array}{r}
15^{+3} \\
-\ 7^{+3} \\
\end{array}
\rightarrow
\begin{array}{r}
18 \\
-10 \\
\hline
8 \\
\end{array}
$$

ひく数があといくつで 10 になるかと考えて、15 の方にも 3 をたすように考えていきます。数学者矢野健太郎考案です。

$$
\begin{array}{r}
15 \\
-\ 7 \\
\hline
12 \\
\end{array}
$$
マイナス → $10-2$

5 － 7 を 7 － 5 と計算して、その答えの上にマイナスの記号を書いています。

学校では習っていなくても、気温などでマイナスを覚えてしまった子もいます。知っていることを上手に生かしたナイスな考えです。アメリカの子どもの考案です。

※『お母さまのさんすう』（矢野健太郎著、暮らしの手帖社版）

12 ▶ あまりの速さに仰天する

超特急たし算

驚異的なスピードで先生がたし算をやってのけるという、計算マジックがあります。3桁や4桁のたし算のひっ算を学習しているときに、ちょっと息抜きでやってみると、「先生、すごい！」となります。真似してやると、次に待っているひき算の暗算をすることにもなります。

【やり方】

① 3桁の数を2つ子どもたちに言わせる。
② 先生からも1つ3桁の数を示す。
③ 数秒待って、「先生、答えが出ました」と言い、紙に書く。
④ 子どもたちの計算が終わったら、紙を見せる。

$$
\begin{matrix}
265 \\
693
\end{matrix} \Big\} \text{子どもからの数}
$$

$$
+734 \quad \text{… 先生が書く}
$$

【カラクリ】

$$
265
$$
$$
693
$$
$$
+734
$$
(9-2) (9-6) (9-5)

3段目に数を書くとき、位ごとに「9－上段の数」をし、その答えを記入していきます。すると、上段＋3段目は999になるので答えは、2段目＋1000－1となります。2段目の数に1000をたして、1を引けばたし算の答えがすぐにわかります。

子どもに書いてもらう3桁の数は、「899までの数」と限定をします。
百の位が9になると、先生の書く数が2桁になってしまうからです。

◯ 授業での使い方

3段のたし算があることを伝えて、「実は、先生は3段のたし算が非常に得意で、超特急で計算できます」と話します。それを、今からやってみましょうと、子どもたちに披露していきます。

「先生が書いた3段目の数にカラクリがあります」と話すと、あれこれ考え始めます。子どもたちが気づいたことは、それが外れていても、どれも論理的な考えになっています。そこを大切にしていきます。カラクリがわかると、何回か自分でもやってみたくなります。「超特急たし算」では、3段目の数を記入する時に、ひき算の暗算をするので、次のひき算のひっ算へのちょっとした橋渡しにもなります。4桁のたし算でも同様に超特急たし算ができます。面白がって、5桁、6桁とやる子がでてきたら、うれしい発展学習となりますね。

13 ▶ 何度やっても答えが同じになる

絶対の1089！

たし算ひき算のひっ算が終わるころ、まとめ的な楽しい計算「絶対の1089！」をやってみてはいかがでしょう。計算を進めていくと、答えが必ず1089になるという、摩訶不思議な計算です。不思議のあまり、何度もやってしまう子もでてきます。

【やり方】

誰にも見えないように、下の計算をしてもらう。

①3桁の数を1つ書く（例：268）

　ただし、0は使わない。同じ数は使わない。

②その一の位と百の位の数を入れ替えた数を書く（862）

③大きい方から小さい方を引く

※ここまでは、2年の「神の降臨する
　ひき算①」（p.26）と同じです。

```
  8 6 2
- 2 6 8
  5 9 4
```

④答えの一の位と
　百の位を入れ替えた数をたす。

```
  8 6 2
- 2 6 8
  5 9 4
+ 4 9 5
1 0 8 9
```

子どもたちがたし算をやり終えたころ、
先生が全員の答えを当てる。

たし算の秘密

※ひき算部分は、3年の「神の降臨するひき算①」をご覧ください。

○と□の合計は必ず9になる。
そのため、計算すると…

```
 ⑤9④
+④9⑤
1 0 8 9
```

◎一の位は必ず「9」。

◎十の位は必ず「8」で、1繰り上がる。

◎百の位は9と繰り上がりの1で、必ず「10」になる。

授業での使い方

「絶対の１０８９！」という計算を行うのですが、このタイトルを言ってしまうと、答えがわかってしまうので、ニコニコと「不思議な計算」があるんだけど、やってみますかと投げかけます。

ちょっと不思議な計算が
あるんだけど、
やってみますか。

誰にも見えないように、
３桁の数を書いてください。
同じ数は使わないでね。

563
− 365
　198

その数の逆の数を書いて、
大きい方から小さい方を
引いてください。

そのまま続けて、
答えの逆の数をたして
ください。

563
− 365
　198
＋ 891
1089

答えが出ましたね。
先生が、答えを
ズバッと当てます！
全員、1089！

全員が同じ答えになるところに大きな驚きが起こります。やり方を簡単に板書すると、もう１回やって、確かめたくなります。何度やっても１０８９になるので、次第にカラクリ解明へと意識が向かいます。頭の中が数理でいっぱいになります。結論が出なくても、考えたこと自体が算数の論理性を楽しんでいることになります。ほほえましいです。

14 ▶ かけ算の筆算が楽しくなる

神が降臨する99のかけ算

2桁×1桁を学習したら、ちょっとしたお楽しみとして、「神が降臨する99のかけ算」をやってみてはいかがでしょう。99に好きな数を掛けるのですが、その答えを先生がズバリと当てる計算です。

【やり方】

誰にも見えないように、下の計算をしてもらう。

① 99のかけ算をすることを告げ、2から9の中から好きな数1つ決める。（4だとする）

$$\begin{array}{r} 99 \\ \times\ \ 4 \\ \hline 396 \end{array}$$

② 99×4のひっ算をする。

③ 答えの一の位の数を、一人の子に言ってもらう。 → 6

④ その数を聞いて、答えをズバリと答える。 396！

99のかけ算の秘密

◎十の位は必ず9になっている。

◎百の位と一の位の数を並べると、9×□の答えになっている。（百の位と一の位の数を合計すると9になっている。）

$$\begin{array}{r} 99 \\ \times\ \ 2 \\ \hline 198 \end{array} \quad \begin{array}{r} 99 \\ \times\ \ 3 \\ \hline 297 \end{array} \quad \begin{array}{r} 99 \\ \times\ \ 4 \\ \hline 396 \end{array} \quad \begin{array}{r} 99 \\ \times\ \ 5 \\ \hline 495 \end{array}$$

$$\begin{array}{r} 99 \\ \times\ \ 6 \\ \hline 594 \end{array} \quad \begin{array}{r} 99 \\ \times\ \ 7 \\ \hline 693 \end{array} \quad \begin{array}{r} 99 \\ \times\ \ 8 \\ \hline 792 \end{array} \quad \begin{array}{r} 99 \\ \times\ \ 9 \\ \hline 891 \end{array}$$

- かけた数は「10から答えの一の位の数を引いた数」になっているので、かけた数をズバリと当てて楽しむこともできます。

- なぜこうなるのかを考えるとき、99を（100－1）と考えると、より数理的な思考が働きます。

◯ 授業での使い方

まず、99 のかけ算をすることを伝えます。それから、2〜9 の中から好きな数を 1 つ決めてもらい、それを 99 にかけていきます。

2 桁×1 桁の勉強の仕上げとして、2 桁のマックス「99」のひっ算をしますよ。

2〜9 の中から好きな数を 1 つ選んで、□に入れて、筆算してください。ひっ算は誰にも見えないようにやってください。

麻ちゃん、計算した答えの一の位の数を教えてください。

これから麻ちゃんの答えを当てますよ！答えは…

今、神が降りてきて先生に教えてくれます！

わかりました！297 です！

神が降臨するところは、俳優になったつもりでちょっと大げさにやってみましょう。教室は先生のオーラでいっぱいになります。

豆知識 　2 桁×1 桁の次は、3 桁×1 桁が待っているので、ついでにと 999 ×□を紹介してみましょう。ご覧のような仕組みになっているので、3 桁でも神の降臨を楽しめます。
さらに、4 桁でも 5 桁でも同じようになっています。数の不思議さを味わうことができます。

$$
\begin{array}{r} 999 \\ \times\ \ \ 2 \\ \hline 1998 \end{array}
\qquad
\begin{array}{r} 999 \\ \times\ \ \ 3 \\ \hline 2997 \end{array}
\qquad
\begin{array}{r} 999 \\ \times\ \ \ 4 \\ \hline 3996 \end{array}
\qquad
\begin{array}{r} 9999 \\ \times\ \ \ \ 6 \\ \hline 59994 \end{array}
\qquad
\begin{array}{r} 99999 \\ \times\ \ \ \ \ 6 \\ \hline 599994 \end{array}
$$

15 ▶ 桁数が増えると楽しい

1だらけかけ算

3年
かけ算の
ひっ算

昔は3桁×3桁や4桁×4桁の計算が普通に出ていましたが、今は3桁×2桁まで行えば、それ以上は同様に考えればできるという流れになっています。そんな中ですが、桁数の多いかけ算をほんのワンタッチでいいから子どもたちに見せたくなったら、この「1だらけかけ算」が簡単で楽しいです。9桁×9桁までガッツリと楽しめます。

【やり方】 1だけを使ったかけ算のひっ算です。ご覧のように、答えが美しいので、少しやって見せて、その先は子どもたちに取り組ませます。

〈4桁×4桁〉　　〈6桁×6桁〉

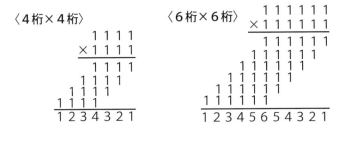

〈9桁×9桁〉

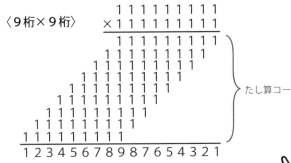

たし算コーナー

桁数が増えると、たし算コーナーの仕組みも伝わります。

40

◎ 授業での使い方

3桁×2桁の学習が終わり、次の単元に入る前に、「先生が子どものころはもっと数の多いかけ算をしていました。大変でした。でも、すごく面白い1だらけかけ算があるので、みんなでやってみましょう」と進めていくといいですね。

「1だらけかけ算」をします。

$$\begin{array}{r} 111 \\ \times 111 \\ \hline \end{array}$$

3桁×3桁です！
できますか？！

桁数が大きくなっても、同じようにやっていくということが伝われば、それで十分よい勉強になります。「1だらけかけ算」は答えが美しく出るので、それが子どもたちを数の世界へ引き込んでくれます。10桁をこえると、答えの冒頭が「123456789」となります。8が抜けます。この数も不思議な数で、次の章でお話しします。

16 ▶ 答えが好きな数字だらけになる

12345679かけ算

3年
かけ算の
ひっ算

「1だらけかけ算」で桁数の大きいかけ算に関心が高まり、時間にちょっと余裕があったら、この「12345679かけ算」に進みましょう。子どもの好きな数がずらりと並ぶ、魔法の計算です。

【しくみ】

1から9まで（8を抜かす）の数のかけ算。

8は無い
↓

$$\times \quad 12345679$$

答えに6が並ぶようにするには、54をかける。

```
    12345679
  ×       54  ← 並べたい数×9
  49382716
 61728395
 666666666
```

【やり方】

①かける数を示さずに、ひっ算を書く。
②子どもに2〜8の中で好きな数を一つ選ばせる。
③先生が、「君の好きな数がずらりと並ぶかけ算を教えましょう」ともったいぶりつつ、かける数を言う。

42

授業での使い方

「1だらけかけ算」で10桁×10桁をした子の答えを見ながら、「これは、珍しい数だ！」と驚いて見せ、それを使ったかけ算を板書します。その先は、子どもの好きな数を聞き、それが並ぶかけ算を披露します。子どもたちの関心具合によっては、「12345679」の秘密を話すのもいいです。

$$\times\ 12345679$$

正三君、2から8の中で
一番好きな数はどれですか

正三君の好きな8が
ずらりと答えに並ぶ
かけ算があります！
先生が当ててみま
しょう！

※神が降臨するように演出するのもいいです！

$$
\begin{array}{r}
12345679 \\
\times\qquad 72 \\
\hline
\end{array}
$$

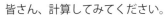

888888888

皆さん、計算してみてください。

ワンポイント

「12345679」は、「111111111」を9で割った答えになっています。ですので、「12345679」を9倍すると1が並び、9×2にすると2が並び、9×3にすると3が並びます。

桁数が大きいと計算が面倒になり、算数を嫌う子が出てきます。ですが、こういう計算の不思議さ美しさを持ったタイプで桁数の大きい計算を見せると、その魅力に引き込まれ、どうしてそうなるのかと数理を考え始める子も出てきます。

指そろばん

3年生になると、日本伝統のそろばんを学びます。素晴らしい計算器具なのですが、手元にないと使えません。ところが、自分の指を使ってそろばんのように表すことができます。そろばんで数の表し方を学んだころに、こういうのもありますよと、話すのもいいですね。

【やり方】

親指を5珠、残りの4指を1珠に見立てる。

伸ばしたら「入れる」、折ったら「払う」と決める。

両方の手を使うと、99まで表せる。

◉ 授業での使い方

京都大学の数学者の本※に載っているやり方なので、大学の先生が考えた面白いそろばんの話として、子どもたちに紹介していきます。

京都大学の数学の先生が自分の指でそろばんができると言っています。皆さん、できますか。

指が珠になるんですか？
鋭いですね！
親指が5珠だ！
いいですね！
なるほど!!
ツメでもできますか？

はい！
8を入れてください。
そこから、
2を払ってください。

カンタン！
おもしろいね！
さすが大学の先生！
ツメでもできたニャ!!

はい！
8を入れてください。
そこから、4を引いてください。

ちょっとまってよ〜
5を払って....
暗算でできました!!

豆知識 普通の計算は十進法です。10になったら次の位にあがります。そろばんは、その仕組みから「五 - 二進法」と呼ばれています。5が2つで次の位にあがるという意味です。今のそろばんは一珠が4つですが、戦前は一珠が5つありました。太平洋戦争がはじまったころ、物資不足になり、今の4珠そろばんができました。その結果、手の指とそろばんが対応するようになりました。

※『数学大明神』森毅、安野光雅著、ちくま学術文庫

帯分数はエライ！

仮分数を帯分数に直す学習が終わったら、ちょっとの時間を使ってわり算との関連の話をしてみてはいかがでしょう。数として学んでいる分数が、実は計算としても見えてきます。多面的に考える力にもつながります。

【しくみ】

$$\frac{7}{5} = 1\frac{2}{5}$$

⬇

$$7 \div 5 = 1 \text{あまり} 2$$

帯分数に直したときの整数部分が商に該当し、分子部分があまりになっています。

そこから、考えを進めると、帯分数は「わり算を分数で割り切っている」と見ることができます。普通、わり算は整数や小数で答えるのですが、そこを分数でも答えることができると見ていくと、わり算への見通しが一つ広がります。

分数の意味がよくわかっていない子が気になったら、本シリーズ第1巻の「分数の仕組みがよくわかる分数の紙」を作って見せると理解が進みます。

授業での使い方

仮分数を帯分数に直す学習が終わってから、仮分数を板書して、仮分数の見方の話をします。※

わり算のあまりがわる数を超えてはいけないこととつながると、帯分数とわり算の答えとの関係がより強く伝わります。

分子から読むと、13 ÷ 5 になります。

 へー!! ほー!! なるほど おもしろいね 5分の13ですね

帯分数とわり算の答えをよく見比べてください。何か、気がついたことはありませんか。

$$\frac{13}{5} = 2\frac{3}{5}$$

13 ÷ 5 = 2 あまり 3

 あれ! ああっ!! そうか!! どちらも合っています!

 先生、分子はあまりなんですね

 先生、もしかしたら $2\frac{3}{5}$ は 13÷5の答ですか?

小学校ではわり算の答えを分数では書きませんが、そういう見方ができるのはいいことですよ。

 分数とわり算がくっついた感じがしておもしろい!!

 だから3年のとき先生が「あまりわる数を超えないように」とあまりの下にわる数を書いたのか

13÷5=2あまり$\frac{3}{5}$

 次の問題はまだですか?

豆知識 西洋では分数を読むとき分子から先に読むので、3分の2を「2／3」と分子を先に書きます。横書きで読んだ通りに書くのでわかりやすいです。

明治になり西洋の分数の書き方が日本に入ってきたのですが、日本ではすでに分母から先に読んでいたので、それをそのまま使用しました。そのため、横書きの分数は読み順が変わるという不便を背負っています。

※本シリーズ第1巻のp.79にも分数のことを載せています。併せてお読みください。

47

19 ▶なかなか大変

昔のロシアのかけ算

4年
わり算

1桁のわり算の学習が進んでから、算数の小話として、昔のロシアの農民が使っていたかけ算の話をしてみるのも楽しいです。24 × 56 のようなかけ算を、×2と÷2を使って計算します。世界の歴史の中で、こういう工夫をしていた人たちがいたことを知ることができます。

【やり方】

① 2桁のかけ算を示し、数の大きい方には×2、小さい方には÷2をしていく。

$$24 \times 56$$

$\downarrow \div 2$	$\downarrow \times 2$

$$12 \quad 112$$

$\downarrow \div 2$	$\downarrow \times 2$

$$6 \quad 224$$

$\downarrow \div 2$	$\downarrow \times 2$

3 奇数 **448**

$\downarrow \div 2$	$\downarrow \times 2$

1 奇数 **896**

$$\begin{array}{r} 448 \\ +896 \\ \hline 1344 \end{array}$$

② ÷2の方で奇数になったところの、×2の方の数を合計する。
それが、24 × 56 の答えとなる。

48

◯ 授業での使い方

覚えることではないので、こういうのがあるということで、まずは1桁×1桁で話してみると、わかりやすくなります。

昔ね、ロシアという国の人たちが、かけ算を工夫して計算していました。

ロシア
知ってる!!

きいたコト
ある!!

どんな
工夫かしら

ロシアンブルーの
友達がいます

奇数
9×8
↓÷2 ↓×2
4 16
↓÷2 ↓×2
2 32
↓÷2 ↓×2
1奇数 64

こうやって、計算して、奇数のところを合計するの。

72になってる!

おもしろいわね!

先生、2ケタも
できますか?

ロシアンブルー
すごいなー

4年

みんなも、いっぺんやってみますか。

2ケタで
やります

私も!

ボクも!

ロシアン
ブルーの
友達は
ユラちゃんです

先生コレ
けっこう大変です

フツウに
やった方が
カンタンだわ

ユラちゃんは
頭がいいです!

ワン
ポイント

先生からのお話を一言、言ってみたくなったら、こんな風に話すのはどうでしょう。「みなさんは学校でひっ算を勉強したので、こういう計算をせずに、簡単に答えを出すことができます。今、学校で勉強している内容はとてもよく考えられているのです。よかったですね」

49

20 ▶ ( )をイメージできる

100 円で買い物

（　）のある式は、（　）の中を先に計算します。これはきまりですので、そのまま覚えてもらえばいいのですが、（　）が作られたのは、そこに何かしらのよさがあるからです。そのよさを子どもたちに伝えるときに、わかりやすいのが買い物場面です。戦前から用いられている話を1つ、ご紹介します。

【話のあらすじ】

① 100 円で 60 円の買い物をする。おつりを求める式を言わせ、板書する。

$$100-60=40$$

②今度は 100 円で 40 円の品と 20 円の品をまとめて買う。おつりは変わらないことを確認する。

③その式を黒板し、検討させる。

$$100-40+20=40$$

- この式は計算が合わないことに気づかせる。
- 「40 − 20 にしないといけない」という意見が出たら、まとめて買ったんだから、ひき算にはならないと話す。
- 100-40-20 ＝ 40 は（　）を開いた式になるので、板書はしておく。この式は、40 円の品を買ってから、20 円の品を買った場合の式であることを話すのもよい。
- 「まとめて買った」ということを表すために（　）をつけるようにしたことを話す。だから、式に（　）があったら、まずその中をまとめて（計算して）から計算を進めること話す。

◯ 授業での使い方

昔の人も計算をたくさんしていたのですが、計算をもっと便利にできるように と、式に工夫をしてきたと話します。それがどんな工夫だったか、みんな と考えていきます。

100円玉1個持って、 60円の買い物をしま した。 おつりを求める式は どうなりますか。

それじゃあね、今度 は40円の品と20円 の品をまとめてレジ に出したら、どうい う式になるかな。 「2つまとめて」出 すんだよ。

$100 - 60 = 40$
$100 - 40 + 20 = 40$

$100 - 60 = 40$
$100 - (40 + 20) = 40$

昔の人がね、2つまとめて 買うことがわかるように、 （　）をつけたらいい！って 考えたのよ。

戦前、かっこを透明なビンとみなして、「びんづめ」と呼ぶ先生もいま した。このような比喩はとてもわかりやすいので、私は私の教えていた 時代に合わせて「買い物袋」として話していました。

かっこについては、本シリーズ第2巻の「（　）を先に計算する理由が伝わる　買い物袋 しばり」もぜひお読みください。

21 ▶ 角の大きさを楽しく見せる

ブイーン角（カク）!

角の大きさは2つの辺の開き方で大きい小さいがきまります。そこを教えるとき、2本の棒の端を輪ゴムで結び、開いたり閉じたりすることも楽しい学習になります。それをもっとシンプルに、しかも、非常に単純に、鉛筆だけで角の開きを印象付けられるのが、「ブイーン角！」です。

【やり方】

①黒板に角をかく。
②頂点に鉛筆を合わせて、先生が「ブイーン」と鉛筆を回転させる。

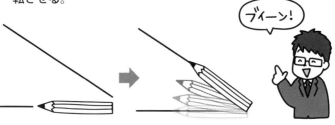

ブイーン！

③「鉛筆を止めた時に音がします。どんな音でしょう」と子どもたちに尋ねる。

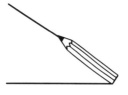

④その音は「角（カク）」！
以降、「ブイーン角！」と言いながら鉛筆を動かす。

角の大きさを音声の時間の長さからイメージさせていくのが「ブイーン角」です。

◯ 授業での使い方

おもむろに角を板書し、子どもたちからできるだけ長い鉛筆を借ります。鉛筆を借りたら「これはいい鉛筆だ。勉強ができるようになる。うんと小さくなるまで使い続けよう！親孝行だなぁ！」などと、小さな道徳を一言入れて、角の端に鉛筆を当てます。「ブイーン！」とやって、音を尋ねます。

ブイーンと動かしました！止まったときに、音がします。どんな音でしょう！

ブイーン！

「角（カク）」です！

ブイーン角！

これを角といいます。
角の大きさは開き具合で決まります。
どっちの角が大きいか、ブイーンを聞いてみましょう。

ブイーン角！　　ブイ———ン角！

ワンポイント
ネコちゃんのように、「ブイーン」「ブイーン」と分けると、角の大きさ比べをブイーンの回数で数値化していることにもなります。算数は現象を数に置き換えて考える勉強でもあります。この先、すぐに角度を学びますが、こういうユーモア的数値化も日常を算数的に見る一つの形になります。角については、本シリーズ第1巻に「カックン角度君」が、第2巻に「回転式パックリ角度君」「分度器、0の線」が載っています。併せてご活用ください。

正三角形赤にっこり青にっこり

正三角形を使った手品です。これを見ると、自分も作ってみたくなります。それには正三角形を作図しないとなりません。教科書をよく見て、自分でかけるように促します。

【作り方】

①正三角形を4つ連ねる

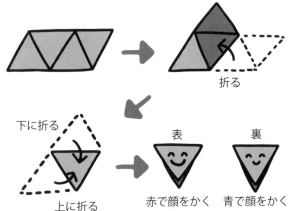

折る

下に折る

上に折る

表　　裏

赤で顔をかく　青で顔をかく

【手品】

①赤の顔を上にめくり
　10円を入れる

②ふたを
　閉じる

③裏返し
　にする

④ふたを開ける

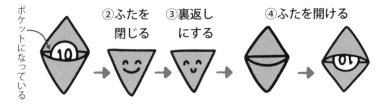

ポケットになっている

授業での使い方

正三形の作図を教える場面になったら、「正三角形赤にっこり青にっこり」を見せます。表から入れた 10 円玉が裏から出てきます。「僕も作りたい！」となったら、教科書を見て自分で作図できるように勉強するよう促します。

裏と表を見せます。紙をクネクネさせ、何も入っていないことを知らせます。

10 円を入れたら、「チチンプイプイ」などおまじないを言うのもいいです。

 3 年でコンパスを使っての作図を習っていますが、ここは 4 年生。分度器での作図としていきます。4 枚の正三角形は折ったり開いたりすると、平行四辺形、ひし形、台形が見えてきます。

平行四辺形

台形

ひし形（平行四辺形）

23 ▶ 学校の勉強は大切と感じる

垂直は立派だ！

辺や面の垂直・平行の学習は図形を見る目を向上させる大切な学習なのですが、今一つ面白みを感じにくい所でもあります。少し、子どもたちのやる気が萎えていると感じたら、この「垂直は立派だ！」をやってみるのもいいですね。

【やり方】

① 紙を一枚見せて、
机の上に立つかどうか尋ねる。

② 紙から手を離し、
立たないことを確認する。

③「でもね」と、紙を半分に折り
垂直を作って机上に置く。

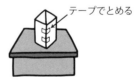

テープでとめる

④ さらに続けて、四角にし、
「頑丈になりました」と話す。

⑤ 周りを見させて、人間が作ったものには垂直や平行がたくさん
使われていることを知らしめ、垂直平行の大切さを伝える。

◯ 授業での使い方

辺や面の垂直平行の学習が終わる3分ほど前に、お楽しみとしてちょっとやるのがいいです。算数で学んだことが世の中の役に立っていると子どもたちの心に響いたら、大成功となります。

4
年

ここに1枚の
紙があります。
机の上に立つでしょうか。

立たない！　ムリ〜!!　手品かな？　何か
しかけが…？

立ちませんでした！

でもね！
ハイ！

わー!!　びっくり!!　名案！　やっぱり　ネコちゃんでもできる!!

垂直を使うとすごいでしょう！
垂直平行をもっと使って…
ハイ！

頑丈に
なりました！

ちょっと周りを見て。
垂直や平行が
見えませんか。
人間が作ったものにはね…

スゴーイ!!　なるほど!!　家みたい!!　中に入りたい…　ウズウズ

人間はスゴイ！　先生もっと勉強したいです　おわったら中に入ってもイイ？ニャ…

ワン
ポイント

このアイディアは昔ながらの「紙を立てる知恵」の話です。立つはずのない紙でも知恵を使うと立ちます。この知恵の中身が勉強したばかりの垂直平行だったので、勉強することの大切さが子どもたちに響きます。算数は世の中の役に立つから学んでいることも伝えられます。

24 ▶ 切って動かすことが印象づく

平行四辺形ワンちゃん

平行四辺形の面積の求め方を考えるとき、図形を切って移動させます（等積移動）。その等積移動だけを、なぞなぞっぽくちょっとやって、しっかりと印象付けるのが「平行四辺形ワンちゃん」です。

【準備する物】

平行四辺形の紙

犬に見立てるので、
少しひらべったく。

【やり方】

①平行四辺形を黒板に貼り、犬の顔と足を簡単に描く。

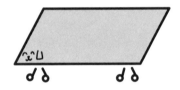

②なぞなぞを出す。
「1回だけ切って動かして、犬の体の向きを逆にしてください」

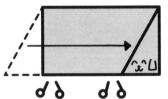

犬が振り返っているので
体の向きは逆になっている。

「振り返り
ワンちゃん」です。

58

◎ 授業での使い方

平行四辺形の面積の求め方を学ぶ前日あたりに、なぞなぞとして出題します。

平行四辺形ワンちゃんの
なぞなぞを出します。

なぞなぞを楽しみます！

「振り返りワンちゃん」に
なりました！

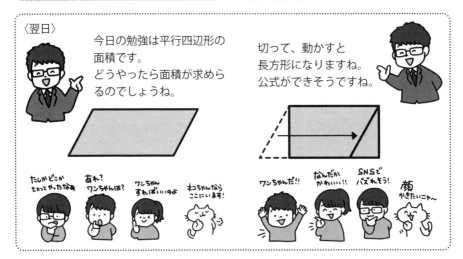

〈翌日〉

今日の勉強は平行四辺形の
面積です。
どうやったら面積が求めら
るのでしょうね。

切って、動かすと
長方形になりますね。
公式ができそうですね。

ワン
ポイント

平行四辺形にちょっと顔を描くだけですが、印象はとても大きくなりま
す。何よりも、教室の空気が暖かくなります。平行四辺形の面積につい
ては、本シリーズ第1巻に「教科書10冊」というガヴァリエリの原理
を応用した簡単なアイディアが載っています。

等積移動のワンちゃん化

「平行四辺形ワンちゃん」が大ウケしたら、三角形、台形、ひし形でも似たようなアイディアを考え、やってみるのも楽しいです。こちらは先んじて見せるのではなく、子どもたちから考え方がいろいろと出た後で、先生のちょっと変わった考え方として見せていくといいです。

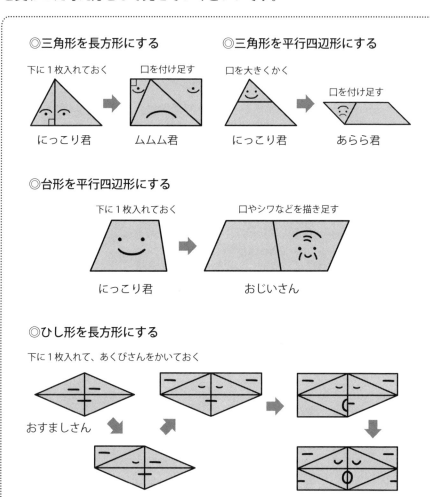

◎三角形を長方形にする

下に1枚入れておく　　　　口を付け足す

にっこり君　　　　　　ムムム君

◎三角形を平行四辺形にする

口を大きくかく　　　　口を付け足す

にっこり君　　　　　　あらら君

◎台形を平行四辺形にする

下に1枚入れておく　　　口やシワなどを描き足す

にっこり君　　　　　　おじいさん

◎ひし形を長方形にする

下に1枚入れて、あくびさんをかいておく

おすましさん

あくびさん

**棒を4本動かして、
面積を半分にする難問**

　面積の学習が一通り終わるころ、難問を1つやってみるのも楽しいです。まず、図のように板書し、面積が6平方棒であることを話します。その後、面積の問題を3問出すので、しっかり答えてくださいと伝えます。

6棒²

第1問　棒を2本だけ動かして、面積を5棒²にしてください。
とても簡単なので、すぐに答えがわかります。

5棒²

第2問　（棒を元に戻して）棒を3本だけ動かして、面積を4棒²にしてください。
これも簡単にわかります。

6棒² ➡ 4棒²

第3問　（棒を元に戻して）棒を4本だけ動かして、面積を3棒²にしてください。棒がダブったり、余ったりしてはいけません。
非常に難しいです！

　1問目2問目のようには答えることができません。かなりの難問です。ほぼ降参状態になったら、少々もったいぶって解説してあげましょう。左のように動かします。習ったばかりの三角形の面積を知恵として使っている問題ですと話すのもいいですね。

6棒² ➡ ？

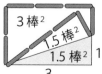

3棒²　1.5棒²　1.5棒²　1
3

5年

横に細長くなっても平行四辺形の面積は長方形と同じであると教えるとき、「ネコ印サインポール」も楽しいです。サインポールというのは、床屋の前にあるぐるぐる回っているポールです。「ネコ印床屋ポール」です。

【やり方】

①4枚の紙を用意し、その内の3枚に下のように線を引く。

②線が引いてあっても4枚とも面積は同じと確認をする。

③線を引いた3枚を丸めテープで留め、線の間にネコの顔を描く。

④線に沿って切り、黒板に貼る。

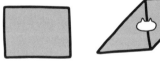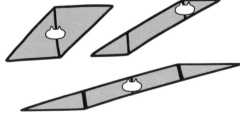

どの平行四辺形も長方形と同じ面積。

● 授業での使い方

あれこれ考えるのも大切な学習ですが、パッと見て直感的にわかることで救われる子もいます。平行四辺形の面積の抑えとして、見せていくといいです。

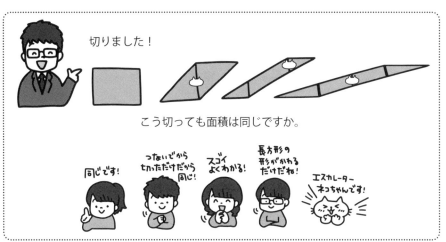

平行四辺形や三角形の面積の問題には、向きが変わって出てくるものもあります。すると、底辺と高さがわかりにくくなります。その学習には本シリーズ第2巻の「図形を見る目が向上する　底辺、高さのポインターペン」がお勧めです。

26 ▶ 意外な解き方にびっくり！

斬られ正方形君

平行四辺形、三角形、台形、ひし形の面積を学習した後、エッ？と思ってしまう奇問「斬られ正方形君」にチャレンジさせてみるのはいかがでしょう。先生は解法を3通り頭に入れておきます。

【やり方】

①正方形の紙を1枚用意し、そこに顔を描き、手足をつけ、「正方形君」であると伝える。

②ある日、突然、正方形君は刀でバッサリと斬られてしまう。その斬られた長さを測ったら、ちょうど10cm。

③斬られ正方形君の面積を求める。

【解法】

①三角形を等積変形し、大きな直角二等辺三角形にする。

②もう1つの対角線を引き、小さな直角二等辺三角形が4つと考える。

③正方形をひし形と考え、対角線×対角線÷2を計算する。

ひし形です

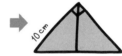

解法が複数あると、自分が気がつかなかった解法に驚きます。
特に、③に気づかなかった子には、正方形がひし形の仲間だったと印象付きます。

◯ 授業での使い方

図形の面積の最後の１問として、「斬られ正方形君」を出題するとよいでしょう。三角形とひし形の面積のよい復習になります。

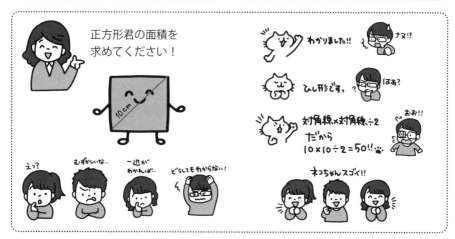

ワンポイント 長さが書いてあると、「縦×横」「一辺×一辺」「底辺×高さ」などの公式を使った「式づくり」に頭が働き、左のページの解法①②を考える方向に自然と進みます。それとは別に、正方形はひし形の仲間という図形認識から考えると、ネコちゃんのように対角線×対角線÷２で解決することができます。数に着目すること、図形に着目することの両方を最後のまとめとして話すといいですね。

27 ▶鉛筆が半回転！
内角の和、鉛筆ブイーン！

三角形の内角の和が180度になっていることを説明する1つの方法です。鉛筆が三角形を一回りして戻ってくると向きが逆になり、180度回転します。それを使った楽しい説明です。先生からのお話としてうってつけです。

【やり方】鉛筆を辺に沿って動かし、三角形を一周する。

①鉛筆の中心に印をつけ、三角形の頂点にあてる。

②ブイーンと言いながら、鉛筆を回転させる。

③次の頂点へ移動。

④鉛筆をブイーンと回転。

⑤次の頂点へ移動。

⑥鉛筆をブイーンと回転。

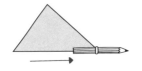

⑦スタート地点へ移動。

黒板に描いた三角形でやっても、よくわからない子がいたら、三角形を小さくしてもう1回やって見せます。
すると、鉛筆がほぼその場で半回転するので、わかりやすくなります。

授業での使い方

いくつかの方法で内角の和が 180 度であることを学んだあと、先生からのお話として、こういう考え方もあることを伝えるといいでしょう。

三角形の 3 つの角の和は 180 度とわかりましたね。
先生から、もう一つ、ちょっと変わったやり方を紹介しましょうね。

鉛筆は左向きになっています。
この鉛筆が三角形を一周します。
鉛筆の向きが変わりますよ！

鉛筆でブイーンします！
皆さんも、ご一緒に！

一周したら、
逆向きになりました！

ノートでも簡単にできます。時間があれば、四角形にもチャレンジさせてみてください。ちょうど 1 回転します。その先の 5 角形は 1 回転半。スケート好きの子がいたら、「3 回転半は何角形？」と聞いてみるのも楽しいです。

5年

異分母分数の計算になれたら、ちょっと楽しくて難しい問題にチャレンジさせてみてはいかがでしょう。最初はスイスイ進み、途中からズーンと難しくなります。そして最後には納得感と共に、図の大切さが伝わります。

【やり方】

① 2から4、8、16、32と2倍した数を、少し間隔をあけて書く。

$$2 \quad 4 \quad 8 \quad 16 \quad 32$$

※「次の数はいくつになりますか」と聞きながら数を書いていくと、教室が元気になります。

② 書いた数の上に分子を付け足す。

$$\frac{1}{2} \quad \frac{1}{4} \quad \frac{1}{18} \quad \frac{1}{16} \quad \frac{1}{32}$$

※「この分数はわかりますよね」と言って、やる気を高めておきます。

③ 分数の間に－を書いて、最後に「1－」を付け足し、計算させる。

$$1 - \frac{1}{2} - \frac{1}{4} - \frac{1}{8} - \frac{1}{16} - \frac{1}{32} =$$

④ 子どもたちが通分して計算をしている最中に、
正方形と直線（線分図）を板書。

⑤ 図を見るとすぐに
わかることを知ら
せる。

  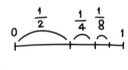

$$1 - \frac{1}{2} - \frac{1}{4} = \frac{1}{4}$$

◉ 授業での使い方

異分母分数の勉強が進むと、計算が中心になり、図は遠のいていきます。そんな中での出題がお勧めです。計算で解き進める子どもたちを横目に図でさわやかに解答して、計算と図の両方を大切にしてほしいことを伝えましょう。

珍しい問題を出しますよ。

$$2 \quad 4 \quad 8 \quad 16 \quad 32$$

カンタン！　2倍2倍です　やさしすぎます
次は64‼

この分数、
全部わかりますよね。

$$\frac{1}{2} \quad \frac{1}{4} \quad \frac{1}{18} \quad \frac{1}{16} \quad \frac{1}{32}$$

5年

おう！
分数だ！　わかります！　先生、やさしすぎます
64も入れて‼

じゃあ、
こんなのすぐですよね。

$$1 - \frac{1}{2} - \frac{1}{4} - \frac{1}{8} - \frac{1}{16} - \frac{1}{32} =$$

図にしてみます。

げっ　これは大変…‼　まず通分しなきゃ　インターネットでしらべてみます‼

すっきりわかる‼　すごくよくわかる！　図はスゴイ‼　調べられませんでした

正方形の図を見て、数直線の図も何やらわかってくる子が出てきます。
その子たちに説明させるのもいいです。この問題は等比級数の問題ですが、そういうことには深入りせずに、「計算同様、図も大切にしていきましょうね」と話すといいですね。

ワンポイント

ウサギの兄弟

6年の3学期は総まとめの問題に取り組みます。その合間にちょっと入れて楽しめるのが「ウサギの兄弟」です。6年生になるまでに学んだあれこれが一つの知恵として登場します。

【設定と問題】

ウサギの兄弟が別々の家に住んでいます。ある日、突然、兄が兄弟の家の距離を測りたくなり、その測り方を考えました。「ロープを張って、ロープを巻き上げ長さを測ればいいだろう」と思いつき、すぐにロープを張り、いざ測ろうとしたら、オオカミが真ん中でグーグー寝ています。ロープは動かせません。どうやって距離を測ったらいいでしょうか。

【解答例】

◎ロープを一辺とした
　長方形をかく

◎ロープを一辺とした
　直角二等辺三角形をかく

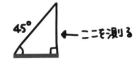

◎合同を利用する

◎拡大図縮図を利用する

○ 授業での使い方

楽しく場面設定の話をすると、面白いことを考えつく子も出てきます（例：弟がオオカミを蹴っ飛ばしてダッシュで逃げる。その間に兄が測るという命がけの方法）。それから、安全な方法を考えてもらいます。

子どもたちの中には、巨大コンパスで弟の家を中心に円を途中まで描き、半径の長さを測ると考える子も出てくるかもしれません。算数の方法ですので、「ナイスアイディア！」とほめたいですね。

加藤清正の川幅測量

直接測ることができない川幅をどうやったら測れるかを考えます。既習の図形も使えますが、戦国時代の武将、加藤清正が行ったという方法を紹介するのも楽しいです。

【問題】

目の前に大きな川があり、その川幅を測ることになりました。
どうやったら、測れるでしょうか。

【解答例】

◎直角二等辺三角形を
利用する

◎加藤清正の方法
川向こうの人と同じ大きさに
見えたところで止まってもらう。

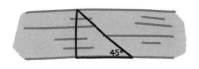

直角二等辺三角形の考えです。

◉ 授業での使い方

6年では歴史も勉強しているので、社会とも絡めて話をすると楽しくなりますね。

大きな川があって、その川幅を測りたいのですが、皆さんならどうしますか。

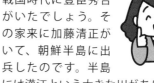

戦国時代に豊臣秀吉がいたでしょう。その家来に加藤清正がいて、朝鮮半島に出兵したのです。半島には漢江という大きな川があり、清正はその川幅を面白い方法で測りましたよ。

清正はね、1人の兵を呼んで、川に沿って歩いてもらったの。清正から見て、向こう岸にいる敵兵と同じ大きさに見えたところで止まってもらったの。
それから、清正と味方の兵の距離を測って、川の幅を調べたのよ。

豆知識 かの有名なナポレオンもユニークな方法で川幅を測ったと伝わっています。帽子の先と向こう岸とを結び、そのままバックして、川の手前と結ばれたら止まります。こういう知恵の話は、考える時の発想を豊かにする基と思えています。

股のぞき

江戸時代の塵劫記に木の高さを測る方法が載っています。この方法は実にユニークで、およそ現代人には発想することができないと思います。6年を受け持つと、この話をしていました。

【やり方】

①よつんばいになり、足の股から木を見る。

②木の梢が股のところからちょうど見える
　ところまで移動する。

このようにすると、胴体と足が直角になり、そこから梢を見るので、直角二等辺三角形ができます。

授業での使い方

拡大図縮図では、縮尺した図を見て木の高さを計算しますが、そもそも木の高さをどうやって測ったらいいのでしょう。そんなところから、子どもたちに知恵を出してもらうと楽しくなります。

学校にシンボルの木がありますね。
あの木の高さはどのくらいなんでしょうね。
皆さんだったら、どうやって測りますか。

身軽な子に木に登ってもらう!!

てっぺんまでは登れないな…

ピラミッドの測り方があったな…

ネコちゃんが木の横に立って写真にとって何倍か考えます

すごいわ!

ネコちゃん、素晴らしいですね！！
江戸時代に『塵劫記』（吉田光由著）という本が大ヒットしました。
この本には九九やソロバンのことの他にいろいろな問題がたくさん載っていて、その中に木の高さを測る方法も載っています。その方法がとっても面白いんです！よつん這いになって…

よつんばいでウロウロするんですか？

はずかしいなぁ…

体育の時間にやってみたい!!

得意です!

ぼくがやるから動画撮影をおねがいします!!

 豆知識　同様のユニークな方法として、地面に寝て足を垂直に上げ、足と木の梢を結ぶという方法もあります。目の位置から木までの距離が高さになります。寝たままでは動けないので、計測ポイントを見つけるはちょっと大変です。
友だちがいたら、友だちに立ってもらい、それを横から見て、友だちと木の距離と、木の高さが一致するところに移動してもらうのもいい方法です。

もうすこしこっち!!

鉛筆君が泣いている

今は中学での指導となっていますが、昔は円すいの体積も小学校で教えていました。この話はそれよりもっと前、戦前の話です。物資不足になり、節約を指導しようと思い立った先生が鉛筆を題材にして話した内容です。算数で節約の話をしてみたくなったときには、「鉛筆君が泣いている」はなかなかいいです。

【内容】 ①円すいの体積は円柱の体積の1 / 3になっていることを伝える。
②鉛筆は1/4ぐらいになる前に、ほぼ捨てられている。
③鉛筆を削ると2/3が捨てられる。
④鉛筆の芯はどれだけ捨てられているか計算する。

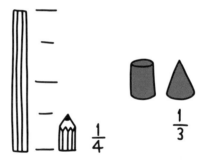

利用したのは3/4。そのうちの2/3が削られている。

$$\frac{3}{4} \times \frac{2}{3} = \frac{1}{2}$$

短くなって捨てたのは1/4

$$\frac{1}{2} + \frac{1}{4} = \frac{3}{4}$$

芯の3/4が捨てられています。

● 授業での使い方

算数以外の勉強で物を大切にする学習があったら、そこと関連してちょっと話してみるのもいいです。

みなさんは鉛筆をどのくらいの
長さまで使っていますか。

6年

鉛筆削りで削るとね、芯は
円すいの形になるでしょ。
芯はもともとは円柱でしょ
う。削って円すいになると、
円柱の 1/3 の体積になっ
ちゃうんです。

芯をどれだけ
捨てているか、
計算できますか。

戦前はナイフで鉛筆を削っていたので、少しでも多くの芯
が利用できるようにと鉛筆の先を丸く削ることもしていま
した。
今からナイフに戻ることはできませんが、物事を数値で考え計算すること
で、無駄を実感できます。算数の生きた使い方の一つと言えます。

●おわりに

　小学校を退職してすでに 20 年以上たつのですが、変わらずに算数が好き
でいる自分がおかしく思えることもあります。アフリカへ渡航しても、コー
ラのビンの表示が「cℓ（センチリットル）」であることに驚いたり、ビル
のエレベーターの地上1階が「0」となっていて「ここは0階です！」と示
されているのを見てシャッターを切っています。市場を見学したときには、
そこで使われている秤を写真に撮って悦に入っています。

　同様のことは、本を読んでいても起こっています。『日本書紀』（岩波文庫）
くらいは読んでおこうと読み始めたら、そこに書いてある数の読み方に目が
行ってしまい、ぐるぐると線を引いています。1〜10までは和語で「ひとつ、
ふたつ、…とお」と言えるのですが、その先は全くわかりません。日本書紀
から「とお あまり ひとつ」ということを知り、物知りになったとよい気分
になっています。

　この感覚は、この本に出てくるネコちゃんの感覚と思っています。一生懸
命なのですが人とちょっとずれています。でも、それも一つの才能です。

　思い返せば、クラスに一人、ネコちゃんのような子がいた時は、クラスが
とても明るく楽しくなっていました。自分にもそういう面があるので、ネコ
ちゃんのような気分で、明るく愉快に、この先も算数を楽しんでいきたいと
思っています。

　この本に載せた「夢中で算数」の教材アイディア。どれか一つでも先生の
授業のお役に立てたら、それは大きな喜びです。ちょっと敬遠される傾向の
ある算数ですが、愉快な教材といっしょに子どもたちを楽しい算数の世界へ
誘ってください。

　　　　　　　　　　　　　　　　　　　　　　　　　横山験也

参考文献

『少年算術遊戯』竹貫直人著　博文館　1906 年

『琉球古来の数学と結縄及記標文字』矢袋喜一著　沖縄書籍販売社　1915 年

『算術の話』国元東九郎著　文芸春秋社　1928 年

『数学遊戯壱百題』津田千秋著　昭文閣書房　1928 年

『これは面白い 珍しい算術の遊び方』児童教育研究会編　金竜堂書店　発行年不明

『算術遊戯』中村喜代治著　好文堂書店　1931 年

『おもしろい数の神秘』林正一著　ナウカ社　1934 年

『小学校算術科教材としての世界数学史』三本重長著　1937 年

『趣味の世界数学物語』鏡渕稔著　啓文社　1937 年

『面白い算術遊戯』藤原安治郎著　誠文堂新光社　1940 年

『楽しい算術学校』藤原安治郎著　誠文堂新光社　1940 年

『数学遊戯考へ物』柴山雄三郎著　偕成社　1941 年

『数の五十三次』藤原安治郎著　三省堂　1941 年

『算術と数学の歴史』吉岡修一郎著　誠文堂新光社　1941 年

『趣味の数学物語』鏡渕稔著　啓文社　1941 年

『沖縄結縄考』田代安定著　養徳社　1945 年

『数のふしぎ』藤原安治郎著　二葉書店　1947 年

『楽しい算数教室』藤原安治郎著　妙義出版社　1948 年

『面白い数学物語』鏡渕稔著　紀文書院　1948 年

『新編数のユーモア』吉岡修一郎著　学生社新書　1955 年

『続・数のユーモア』吉岡修一郎著　学生社新書　1956 年

『沖縄の数学』須藤利一著　富士短期大学出版部　1972 年

『塵劫記』吉田光由著、大矢真一校注　岩波文庫　1977 年

『お父さんのための算数と数学の本』仲田紀夫著　日本実業出版社　1979 年

『計算のいらない数学入門』森毅著　光文社　1980 年

『算数の文化史』イー・ヤー・デップマン著　現代工学社　1986 年

『お母さまのさんすう』矢野健太郎著　暮らしの手帖社　1990 年

『復刻版カジョリ初等数学史』小倉金之助補訳　共立出版　1997 年

『数の民族誌』内林正夫著　八坂書房　1999 年

『数の現象学』森毅著　ちくま学芸文庫　2009 年

『数学大明神』森毅・安野光雅著　ちくま学芸文庫　2010 年

● 著者紹介

横山験也 (よこやま けんや)

日本基礎学習ゲーム研究会会長
株式会社さくら社代表取締役社長
千葉大学教育学部を卒業後、千葉市内の公立学校に勤務（24 年間）。第 1 作『教室騒然！ゲーム＆パズル』（明治図書出版）が 2 万部ほどのヒット作となり「学習ゲームの横山」と呼ばれる。その後、家庭学習用 PC ソフト『ケンチャコ大冒険』シリーズ（NEC インターチャネル社）の全シナリオを書き、ミリオンセラーに。教員退職後にデジタル算数教材の研究開発を行い、2009 年教育関係書籍・教材を出版するさくら社を設立。さらに視野を世界にも向け、JICA プロジェクトとしてアフリカはルワンダ国の小学校に算数ソフトを導入するべく実証事業を展開（外務省白書 2019 年版「匠の技術、世界へ」掲載）。活動の場を広げている。

イラスト：ゴトウマキエ　　ブックデザイン：佐藤 博

「夢中で算数」をつくる 教材アイディア集③

2023 年 7 月 3 日　初版発行

著　者　横山験也
発行者　横山験也
発行所　株式会社さくら社
　　　　〒 101-0051　東京都千代田区神田神保町 2-20 ワカヤギビル 508 号
　　　　TEL：03-6272-6715 ／ FAX：03-6272-6716
　　　　https://www.sakura-sha.jp　郵便振替 00170-2-361913

印刷・製本　中央精版印刷株式会社

ⓒ Kennya Yokoyama 2023, Printed in Japan
ISBN978-4-908983-66-5　C0037